한문
법화경 사경 7

운주사

| 묘법연화경 제一권 | 제1 서품 | 9 |
| 묘법연화경 제一권 | 제2 방편품 | 53 |

| 묘법연화경 제二권 | 제3 비유품 | 5 |
| 묘법연화경 제二권 | 제4 신해품 | 77 |

묘법연화경 제三권	제5 약초유품	5
묘법연화경 제三권	제6 수기품	24
묘법연화경 제三권	제7 화성유품	44

묘법연화경 제四권	제8 오백제자수기품	5
묘법연화경 제四권	제9 수학무학인기품	28
묘법연화경 제四권	제10 법사품	41
묘법연화경 제四권	제11 견보탑품	62
묘법연화경 제四권	제12 제바달다품	90
묘법연화경 제四권	제13 권지품	107

묘법연화경 제五권	제14 안락행품	5
묘법연화경 제五권	제15 종지용출품	40
묘법연화경 제五권	제16 여래수량품	68
묘법연화경 제五권	제17 분별공덕품	88

묘법연화경 제六권	제18 수희공덕품	5
묘법연화경 제六권	제19 법사공덕품	18
묘법연화경 제六권	제20 상불경보살품	49
묘법연화경 제六권	제21 여래신력품	65
묘법연화경 제六권	제22 촉루품	76
묘법연화경 제六권	제23 약왕보살본사품	81

묘법연화경 제七권	제24 묘음보살품	5
묘법연화경 제七권	제25 관세음보살보문품	25
묘법연화경 제七권	제26 다라니품	46
묘법연화경 제七권	제27 묘장엄왕본사품	59
묘법연화경 제七권	제28 보현보살권발품	76

사경 시작한 날 : 불기　　　　년　　월　　일

_____ 두손 모음

妙法蓮華經 卷第七

妙音菩薩品 第二十四
묘 음 보 살 품 제 이 십 사

爾時 釋迦牟尼佛 放大人相
이 시 석 가 모 니 불 방 대 인 상

肉髻光明 及放眉間 白毫相
육 계 광 명 급 방 미 간 백 호 상

光 遍照東方 百八萬億 那
광 변 조 동 방 백 팔 만 억 나

由他 恒河沙等 諸佛世界
유 타 항 하 사 등 제 불 세 계

過是數已 有世界 名淨光莊
과 시 수 이 유 세 계 명 정 광 장

嚴 其國有佛 號淨華宿王
엄 기 국 유 불 호 정 화 수 왕

智如來 應供 正遍知 明行
지 여 래 응 공 정 변 지 명 행

足善逝 世間解 無上士 調
족 선서 세간해 무상사 조

御丈夫 天人師 佛世尊 爲
어장부 천인사 불세존 위

無量無邊 菩薩大衆 恭敬
무량무변 보살대중 공경

圍繞 而爲說法 釋迦牟尼
위요 이위설법 석가모니

佛 白毫光明 遍照其國 爾
불 백호광명 변조기국 이

時 一切淨光莊嚴國中 有一
시 일체정광장엄국중 유일

菩薩 名曰妙音 久已植衆德
보살 명왈묘음 구이식중덕

本 供養親近 無量百千萬億
본 공양친근 무량백천만억

諸佛 而悉成就 甚深智慧
제불 이실성취 심심지혜

得妙幢相三昧 法華三昧 淨
득묘당상삼매 법화삼매 정

德三昧 宿王戲三昧 無緣三
덕 삼 매　수 왕 희 삼 매　무 연 삼

昧 智印三昧 解一切衆生語
매　지 인 삼 매　해 일 체 중 생 어

言三昧 集一切功德三昧 清
언 삼 매　집 일 체 공 덕 삼 매　청

淨三昧 神通遊戲三昧 慧炬
정 삼 매　신 통 유 희 삼 매　혜 거

三昧 莊嚴王三昧 淨光明三
삼 매　장 엄 왕 삼 매　정 광 명 삼

昧 淨藏三昧 不共三昧 日
매　정 장 삼 매　불 공 삼 매　일

旋三昧 得如是等 百千萬
선 삼 매　득 여 시 등　백 천 만

億 恒河沙等 諸大三昧 釋
억　항 하 사 등　제 대 삼 매　석

迦牟尼佛 光照其身 即白淨
가 모 니 불　광 조 기 신　즉 백 정

華宿王智佛言 世尊 我當往
화 수 왕 지 불 언　세 존　아 당 왕

詣 娑婆世界 禮拜親近供
예 사바세계 예배친근공

養 釋迦牟尼佛 及見文殊師
양 석가모니불 급견문수사

利法王子菩薩 藥王菩薩 勇
리법왕자보살 약왕보살 용

施菩薩 宿王華菩薩 上行意
시보살 수왕화보살 상행의

菩薩 莊嚴王菩薩 藥上菩薩
보살 장엄왕보살 약상보살

爾時 淨華宿王智佛 告妙音
이시 정화수왕지불 고묘음

菩薩 汝莫輕彼國 生下劣想
보살 여막경피국 생하열상

善男子 彼娑婆世界 高下不
선남자 피사바세계 고하불

平 土石諸山 穢惡充滿 佛
평 토석제산 예악충만 불

身卑小 諸菩薩衆 其形亦小
신비소 제보살중 기형역소

而汝身 四萬二千由旬 我身
이 여 신　사 만 이 천 유 순　아 신

六百八十萬由旬 汝身第一
육 백 팔 십 만 유 순　여 신　제 일

端正 百千萬福 光明殊妙
단 정　백 천 만 복　광 명 수 묘

是故汝往 莫輕彼國 若佛菩
시 고 여 왕　막 경 피 국　약 불 보

薩 及國土 生下劣想 妙音
살　급 국 토　생 하 열 상　묘 음

菩薩 白其佛言 世尊 我今
보 살　백 기 불 언　세 존　아 금

詣 娑婆世界 皆是如來之力
예　사 바 세 계　개 시 여 래 지 력

如來神通遊戲 如來功德 智
여 래 신 통 유 희　여 래 공 덕　지

慧莊嚴 於是 妙音菩薩 不
혜 장 엄　어 시　묘 음 보 살　불

起于座 身不動搖 而入三昧
기 우 좌　신 부 동 요　이 입 삼 매

以三昧力 於耆闍崛山 去法
이 삼 매 력　어 기 사 굴 산　거 법

座不遠 化作八萬四千 衆寶
좌 불 원　화 작 팔 만 사 천　중 보

蓮華 閻浮檀金爲莖 白銀爲
련 화　염 부 단 금 위 경　백 은 위

葉 金剛爲鬚 甄叔迦寶 以
엽　금 강 위 수　견 숙 가 보　이

爲其臺 爾時 文殊師利法王
위 기 대　이 시　문 수 사 리 법 왕

子 見是蓮華 而白佛言 世
자　견 시 연 화　이 백 불 언　세

尊 是何因緣 先現此瑞 有
존　시 하 인 연　선 현 차 서　유

若干千萬蓮華 閻浮檀金爲
약 간 천 만 연 화　염 부 단 금 위

莖 白銀爲葉 金剛爲鬚 甄
경　백 은 위 엽　금 강 위 수　견

叔迦寶 以爲其臺 爾時 釋
숙 가 보　이 위 기 대　이 시　석

迦牟尼佛 告文殊師利 是妙
가 모 니 불　고 문 수 사 리　시 묘

音菩薩摩訶薩 欲從淨華宿
음 보 살 마 하 살　욕 종 정 화 수

王智佛國 與八萬四千 菩薩
왕 지 불 국　여 팔 만 사 천　보 살

圍繞 而來至此 娑婆世界
위 요　이 래 지 차　사 바 세 계

供養親近 禮拜於我 亦欲供
공 양 친 근　예 배 어 아　역 욕 공

養 聽法華經 文殊師利 白
양　청 법 화 경　문 수 사 리　백

佛言 世尊 是菩薩 種何善
불 언　세 존　시 보 살　종 하 선

本 修何功德 而能有是 大
본　수 하 공 덕　이 능 유 시　대

神通力 行何三昧 願爲我等
신 통 력　행 하 삼 매　원 위 아 등

說是三昧名字 我等 亦欲勤
설 시 삼 매 명 자　아 등　역 욕 근

修行之 行此三昧 乃能見是
수행지 행차삼매 내능견시

菩薩 色相大小 威儀進止
보살 색상대소 위의진지

唯願世尊 以神通力 彼菩薩
유원세존 이신통력 피보살

來 令我得見 爾時 釋迦牟
래 영아득견 이시 석가모

尼佛 告文殊師利 此久滅度
니불 고문수사리 차구멸도

多寶如來 當爲汝等 而現其
다보여래 당위여등 이현기

相 時多寶佛 告彼菩薩 善
상 시다보불 고피보살 선

男子來 文殊師利法王子 欲
남자래 문수사리법왕자 욕

見汝身 于時 妙音菩薩 於
견여신 우시 묘음보살 어

彼國沒 與八萬四千菩薩 俱
피국몰 여팔만사천보살 구

共發來 所經諸國 六種震動
공발래 소경제국 육종진동

皆悉雨於 七寶蓮華 百千天
개실우어 칠보련화 백천천

樂 不鼓自鳴 是菩薩 目如
악 불고자명 시보살 목여

廣大 青蓮華葉 正使和合
광대 청련화엽 정사화합

百千萬月 其面貌端正 復過
백천만월 기면모단정 부과

於此 身眞金色 無量百千
어차 신진금색 무량백천

功德莊嚴 威德熾盛 光明照
공덕장엄 위덕치성 광명조

曜 諸相具足 如那羅延 堅
요 제상구족 여나라연 견

固之身 入七寶臺 上昇虛空
고지신 입칠보대 상승허공

去地七多羅樹 諸菩薩眾 恭
거지칠다라수 제보살중 공

敬圍繞 而來詣此 娑婆世
경 위 요　이 래 예 차　사 바 세

界 者闍崛山 到已 下七寶
계　기 사 굴 산　도 이　하 칠 보

臺 以價直百千瓔珞 持至釋
대　이 가 치 백 천 영 락　지 지 석

迦牟尼佛所 頭面禮足 奉上
가 모 니 불 소　두 면 예 족　봉 상

瓔珞 而白佛言 世尊 淨華
영 락　이 백 불 언　세 존　정 화

宿王智佛 問訊世尊 少病少
수 왕 지 불　문 신 세 존　소 병 소

惱 起居輕利 安樂行不 四
뇌　기 거 경 리　안 락 행 부　사

大調和不 世事可忍不 衆生
대 조 화 부　세 사 가 인 부　중 생

易度不 無多貪欲 瞋恚愚癡
이 도 부　무 다 탐 욕　진 에 우 치

嫉妬慳慢不 無不孝父母 不
질 투 간 만 부　무 불 효 부 모　불

敬沙門 邪見不善心不 攝五
경 사 문　사 견 불 선 심 부　섭 오

情不 世尊 衆生能降伏 諸
정 부　세 존　중 생 능 항 복　제

魔怨不 久滅度 多寶如來
마 원 부　구 멸 도　다 보 여 래

在七寶塔中 來聽法不 又問
재 칠 보 탑 중　내 청 법 부　우 문

訊多寶如來 安隱少惱 堪忍
신 다 보 여 래　안 은 소 뇌　감 인

久住不 世尊 我今欲見 多
구 주 부　세 존　아 금 욕 견　다

寶佛身 唯願世尊 示我令
보 불 신　유 원 세 존　시 아　영

見 爾時 釋迦牟尼佛 語多
견　이 시　석 가 모 니 불　어 다

寶佛 是妙音菩薩 欲得相見
보 불　시 묘 음 보 살　욕 득 상 견

時多寶佛 告妙音言 善哉善
시 다 보 불　고 묘 음 언　선 재 선

哉 汝能爲供養 釋迦牟尼佛
재 여능위공양 석가모니불

及聽法華經 幷見文殊師利
급 청법화경 병견문수사리

等 故來至此 爾時 華德菩
등 고래지차 이시 화덕보

薩 白佛言 世尊 是妙音菩
살 백불언 세존 시묘음보

薩 種何善根 修何功德 有
살 종하선근 수하공덕 유

是神力 佛告華德菩薩 過去
시신력 불고화덕보살 과거

有佛 名雲雷音王 多陀阿伽
유불 명운뢰음왕 다타아가

度 阿羅訶 三藐三佛陀 國
도 아라하 삼먁삼불타 국

名現一切世間 劫名喜見 妙
명현일체세간 겁명희견 묘

音菩薩 於萬二千歲 以十萬
음보살 어만이천세 이십만

種伎樂 供養雲雷音王佛 幷
종 기 악　공 양 운 뢰 음 왕 불　병

奉上 八萬四千七寶鉢 以是
봉 상　팔 만 사 천 칠 보 발　이 시

因緣果報 今生淨華宿王智
인 연 과 보　금 생 정 화 수 왕 지

佛國 有是神力 華德 於汝
불 국　유 시 신 력　화 덕　어 여

意云何 爾時 雲雷音王佛
의 운 하　이 시　운 뢰 음 왕 불

所 妙音菩薩 伎樂供養 奉
소　묘 음 보 살　기 악 공 양　봉

上寶器者 豈異人乎 今此妙
상 보 기 자　기 이 인 호　금 차 묘

音菩薩摩訶薩是 華德 是妙
음 보 살 마 하 살 시　화 덕　시 묘

音菩薩 已曾供養親近 無量
음 보 살　이 증 공 양 친 근　무 량

諸佛 久植德本 又值恒河沙
제 불　구 식 덕 본　우 치 항 하 사

等 百千萬億 那由他佛 華
등 백 천 만 억 나 유 타 불 화

德 汝但見妙音菩薩 其身在
덕 여 단 견 묘 음 보 살 기 신 재

此 而是菩薩 現種種身 處
차 이 시 보 살 현 종 종 신 처

處 爲諸衆生 說是經典 或
처 위 제 중 생 설 시 경 전 혹

現梵王身 或現帝釋身 或現
현 범 왕 신 혹 현 제 석 신 혹 현

自在天身 或現大自在天身
자 재 천 신 혹 현 대 자 재 천 신

或現天大將軍身 或現毘沙
혹 현 천 대 장 군 신 혹 현 비 사

門天王身 或現轉輪聖王身
문 천 왕 신 혹 현 전 륜 성 왕 신

或現諸小王身 或現長者身
혹 현 제 소 왕 신 혹 현 장 자 신

或現居士身 或現宰官身 或
혹 현 거 사 신 혹 현 재 관 신 혹

現婆羅門身 或現比丘比丘
현 바 라 문 신　혹 현 비 구 비 구
尼 優婆塞優婆夷身 或現長
니　우 바 새 우 바 이 신　혹 현 장
者居士婦女身 或現宰官婦
자 거 사 부 녀 신　혹 현 재 관 부
女身 或現婆羅門婦女身 或
녀 신　혹 현 바 라 문 부 녀 신　혹
現童男童女身 或現天龍夜
현 동 남 동 녀 신　혹 현 천 룡 야
叉 乾闥婆阿修羅 迦樓羅緊
차　건 달 바 아 수 라　가 루 라 긴
那羅 摩睺羅伽 人非人等身
나 라　마 후 라 가　인 비 인 등 신
而說是經 諸有地獄 餓鬼畜
이 설 시 경　제 유 지 옥　아 귀 축
生 及眾難處 皆能救濟 乃
생　급 중 난 처　개 능 구 제　내
至於王後宮 變爲女身 而說
지 어 왕 후 궁　변 위 여 신　이 설

제24 묘음보살품

是經 華德 是妙音菩薩 能
시경 화덕 시묘음보살 능
救護娑婆世界 諸衆生者 是
구호사바세계 제중생자 시
妙音菩薩 如是種種 變化現
묘음보살 여시종종 변화현
身 在此娑婆國土 爲諸衆
신 재차사바국토 위제중
生 說是經典 於神通變化智
생 설시경전 어신통변화지
慧 無所損減 是菩薩 以若
혜 무소손감 시보살 이약
干智慧 明照娑婆世界 令一
간지혜 명조사바세계 영일
切衆生 各得所知 於十方恒
체중생 각득소지 어시방항
河沙 世界中 亦復如是 若
하사 세계중 역부여시 약
應以聲聞形 得度者 現聲聞
응이성문형 득도자 현성문

形 而爲說法 應以辟支佛形
형 이위설법 응이벽지불형

得度者 現辟支佛形 而爲說
득도자 현벽지불형 이위설

法 應以菩薩形 得度者 現
법 응이보살형 득도자 현

菩薩形 而爲說法 應以佛形
보살형 이위설법 응이불형

得度者 卽現佛形 而爲說法
득도자 즉현불형 이위설법

如是種種 隨所應度 而爲現
여시종종 수소응도 이위현

形 乃至應以滅度 而得度者
형 내지응이멸도 이득도자

示現滅度 華德 妙音菩薩摩
시현멸도 화덕 묘음보살마

訶薩 成就大神通 智慧之力
하살 성취대신통 지혜지력

其事如是 爾時 華德菩薩
기사여시 이시 화덕보살

제24 묘음보살품

白佛言 世尊 是妙音菩薩
백불언 세존 시묘음보살

深種善根 世尊 是菩薩 住
심종선근 세존 시보살 주

何三昧 而能如是 在所變現
하삼매 이능여시 재소변현

度脫衆生 佛告華德菩薩 善
도탈중생 불고화덕보살 선

男子 其三昧名 現一切色身
남자 기삼매명 현일체색신

妙音菩薩 住是三昧中 能如
묘음보살 주시삼매중 능여

是饒益 無量衆生 說是妙音
시요익 무량중생 설시묘음

菩薩品時 與妙音菩薩俱來
보살품시 여묘음보살구래

者 八萬四千人 皆得現一切
자 팔만사천인 개득현일체

色身三昧 此娑婆世界 無量
색신삼매 차사바세계 무량

菩薩 亦得是三昧 及陀羅尼
보살 역득시삼매 급다라니

爾時 妙音菩薩摩訶薩 供養
이시 묘음보살마하살 공양

釋迦牟尼佛 及多寶佛塔已
석가모니불 급다보불탑 이

還歸本土 所經諸國 六種震
환귀본토 소경제국 육종진

動 雨寶蓮華 作百千萬億
동 우보련화 작백천만억

種種伎樂 旣到本國 與八萬
종종기악 기도본국 여팔만

四千 菩薩圍繞 至淨華宿王
사천 보살위요 지정화수왕

智佛所 白佛言 世尊 我到
지불소 백불언 세존 아도

娑婆世界 饒益衆生 見釋迦
사바세계 요익중생 견석가

牟尼佛 及見多寶佛塔 禮拜
모니불 급견다보불탑 예배

供養 又見文殊師利法王子
공양 우견문수사리법왕자
菩薩 及見藥王菩薩 得勤精
보살 급견약왕보살 득근정
進力菩薩 勇施菩薩等 亦令
진력보살 용시보살등 역령
是八萬四千菩薩 得現一切
시 팔만사천보살 득현일체
色身三昧 說是妙音菩薩 來
색신삼매 설시묘음보살 내
往品時 四萬二千天子 得無
왕품시 사만이천천자 득무
生法忍 華德菩薩 得法華三
생법인 화덕보살 득법화삼
昧
매

觀世音菩薩普門品
관 세 음 보 살 보 문 품

第二十五
제 이 십 오

爾時 無盡意菩薩 卽從座起
이 시　무 진 의 보 살　즉 종 좌 기

偏袒右肩 合掌向佛 而作是
편 단 우 견　합 장 향 불　이 작 시

言 世尊 觀世音菩薩 以何
언　세 존　관 세 음 보 살　이 하

因緣 名觀世音 佛告無盡
인 연　명 관 세 음　불 고 무 진

意菩薩 善男子 若有無量
의 보 살　선 남 자　약 유 무 량

百千萬億衆生 受諸苦惱 聞
백 천 만 억 중 생　수 제 고 뇌　문

是觀世音菩薩 一心稱名 觀
시 관 세 음 보 살 일 심 칭 명 관

世音菩薩 卽時 觀其音聲
세 음 보 살 즉 시 관 기 음 성

皆得解脫 若有持是 觀世音
개 득 해 탈 약 유 지 시 관 세 음

菩薩名者 設入大火 火不能
보 살 명 자 설 입 대 화 화 불 능

燒 由是菩薩 威神力故 若
소 유 시 보 살 위 신 력 고 약

爲大水所漂 稱其名號 卽得
위 대 수 소 표 칭 기 명 호 즉 득

淺處 若有百千萬億衆生 爲
천 처 약 유 백 천 만 억 중 생 위

求金銀琉璃 硨磲瑪瑙 珊
구 금 은 유 리 자 거 마 노 산

瑚琥珀 眞珠等寶 入於大
호 호 박 진 주 등 보 입 어 대

海 假使黑風 吹其船舫 飄
해 가 사 흑 풍 취 기 선 방 표

墮羅刹鬼國 其中 若有乃至
타 나 찰 귀 국 기 중 약 유 내 지

一人 稱觀世音菩薩名者 是
일 인 칭 관 세 음 보 살 명 자 시

諸人等 皆得解脫 羅刹之難
제 인 등 개 득 해 탈 나 찰 지 난

以是因緣 名觀世音 若復有
이 시 인 연 명 관 세 음 약 부 유

人 臨當被害 稱觀世音菩薩
인 임 당 피 해 칭 관 세 음 보 살

名者 彼所執刀杖 尋段段壞
명 자 피 소 집 도 장 심 단 단 괴

而得解脫 若三千大千國土
이 득 해 탈 약 삼 천 대 천 국 토

滿中夜叉羅刹 欲來惱人 聞
만 중 야 차 나 찰 욕 래 뇌 인 문

其稱 觀世音菩薩名者 是諸
기 칭 관 세 음 보 살 명 자 시 제

惡鬼 尚不能以惡眼視之 況
악 귀 상 불 능 이 악 안 시 지 황

復加害 設復有人 若有罪
부 가 해　설 부 유 인　약 유 죄

若無罪 杻械枷鎖 檢繫其身
약 무 죄　추 계 가 쇄　검 계 기 신

稱觀世音菩薩名者 皆悉斷
칭 관 세 음 보 살 명 자　개 실 단

壞 卽得解脫 若三千大千國
괴　즉 득 해 탈　약 삼 천 대 천 국

土 滿中怨賊 有一商主 將
토　만 중 원 적　유 일 상 주　장

諸商人 齎持重寶 經過嶮路
제 상 인　재 지 중 보　경 과 험 로

其中一人 作是唱言 諸善男
기 중 일 인　작 시 창 언　제 선 남

子 勿得恐怖 汝等 應當一
자　물 득 공 포　여 등　응 당 일

心 稱觀世音菩薩名號 是菩
심　칭 관 세 음 보 살 명 호　시 보

薩 能以無畏 施於衆生 汝
살　능 이 무 외　시 어 중 생　여

等 若稱名者 於此怨賊 當
등 약칭명자 어차원적 당

得解脫 衆商人聞 俱發聲言
득해탈 중상인문 구발성언

南無觀世音菩薩 稱其名故
나무관세음보살 칭기명고

卽得解脫 無盡意 觀世音菩
즉득해탈 무진의 관세음보

薩摩訶薩 威神之力 巍巍如
살마하살 위신지력 외외여

是 若有衆生 多於婬欲 常
시 약유중생 다어음욕 상

念恭敬 觀世音菩薩 便得離
념공경 관세음보살 변득이

欲 若多瞋恚 常念恭敬 觀
욕 약다진에 상념공경 관

世音菩薩 便得離瞋 若多愚
세음보살 변득이진 약다우

癡 常念恭敬 觀世音菩薩
치 상념공경 관세음보살

便得離癡 無盡意 觀世音菩
변 득 이 치　무 진 의　관 세 음 보

薩 有如是等 大威神力 多
살　유 여 시 등　대 위 신 력　다

所饒益 是故衆生 常應心念
소 요 익　시 고 중 생　상 응 심 념

若有女人 設欲求男 禮拜供
약 유 여 인　설 욕 구 남　예 배 공

養 觀世音菩薩 便生福德
양　관 세 음 보 살　변 생 복 덕

智慧之男 設欲求女 便生端
지 혜 지 남　설 욕 구 녀　변 생 단

正 有相之女 宿植德本 衆
정　유 상 지 녀　숙 식 덕 본　중

人愛敬 無盡意 觀世音菩薩
인 애 경　무 진 의　관 세 음 보 살

有如是力 若有衆生 恭敬禮
유 여 시 력　약 유 중 생　공 경 예

拜 觀世音菩薩 福不唐捐
배　관 세 음 보 살　복 불 당 연

是故衆生 皆應受持 觀世音
시 고 중 생　개 응 수 지　관 세 음

菩薩名號 無盡意 若有人
보 살 명 호　무 진 의　약 유 인

受持六十二億 恒河沙菩薩
수 지 육 십 이 억　항 하 사 보 살

名字 復盡形 供養飮食衣服
명 자　부 진 형　공 양 음 식 의 복

臥具醫藥 於汝意云何 是善
와 구 의 약　어 여 의 운 하　시 선

男子善女人 功德多不 無盡
남 자 선 여 인　공 덕 다 부　무 진

意言 甚多世尊 佛言 若復
의 언　심 다 세 존　불 언　약 부

有人 受持觀世音菩薩名號
유 인　수 지 관 세 음 보 살 명 호

乃至一時 禮拜供養 是二人
내 지 일 시　예 배 공 양　시 이 인

福 正等無異 於百千萬億
복　정 등 무 이　어 백 천 만 억

제25 관세음보살보문품

劫 不可窮盡 無盡意 受持
겁 불가궁진 무진의 수지

觀世音菩薩名號 得如是 無
관세음보살명호 득여시 무

量無邊 福德之利 無盡意菩
량무변 복덕지리 무진의 보

薩 白佛言 世尊 觀世音菩
살 백불언 세존 관세음보

薩 云何遊此 娑婆世界 云
살 운하유차 사바세계 운

何而爲 衆生說法 方便之
하이위 중생설법 방편지

力 其事云何 佛告無盡意菩
력 기사운하 불고무진의 보

薩 善男子 若有國土衆生
살 선남자 약유국토중생

應以佛身 得度者 觀世音菩
응이불신 득도자 관세음보

薩 卽現佛身 而爲說法 應
살 즉현불신 이위설법 응

以辟支佛身 得度者 卽現辟
이 벽 지 불 신　득 도 자　즉 현 벽

支佛身 而爲說法 應以聲聞
지 불 신　이 위 설 법　응 이 성 문

身 得度者 卽現聲聞身 而
신　득 도 자　즉 현 성 문 신　이

爲說法 應以梵王身 得度者
위 설 법　응 이 범 왕 신　득 도 자

卽現梵王身 而爲說法 應以
즉 현 범 왕 신　이 위 설 법　응 이

帝釋身 得度者 卽現帝釋身
제 석 신　득 도 자　즉 현 제 석 신

而爲說法 應以自在天身 得
이 위 설 법　응 이 자 재 천 신　득

度者 卽現自在天身 而爲說
도 자　즉 현 자 재 천 신　이 위 설

法 應以大自在天身 得度者
법　응 이 대 자 재 천 신　득 도 자

卽現大自在天身 而爲說法
즉 현 대 자 재 천 신　이 위 설 법

應以天大將軍身 得度者 卽
응 이 천 대 장 군 신   득 도 자   즉

現天大將軍身 而爲說法 應
현 천 대 장 군 신   이 위 설 법   응

以毘沙門身 得度者 卽現毘
이 비 사 문 신   득 도 자   즉 현 비

沙門身 而爲說法 應以小王
사 문 신   이 위 설 법   응 이 소 왕

身 得度者 卽現小王身 而
신   득 도 자   즉 현 소 왕 신   이

爲說法 應以長者身 得度者
위 설 법   응 이 장 자 신   득 도 자

卽現長者身 而爲說法 應以
즉 현 장 자 신   이 위 설 법   응 이

居士身 得度者 卽現居士身
거 사 신   득 도 자   즉 현 거 사 신

而爲說法 應以宰官身 得度
이 위 설 법   응 이 재 관 신   득 도

者 卽現宰官身 而爲說法
자   즉 현 재 관 신   이 위 설 법

應以婆羅門身 得度者 即現
응 이 바 라 문 신　　득 도 자　　즉 현

婆羅門身 而爲說法 應以比
바 라 문 신　　이 위 설 법　　응 이 비

丘比丘尼 優婆塞優婆夷身
구 비 구 니　　우 바 새 우 바 이 신

得度者 即現比丘比丘尼 優
득 도 자　　즉 현 비 구 비 구 니　　우

婆塞優婆夷身 而爲說法 應
바 새 우 바 이 신　　이 위 설 법　　응

以長者居士宰官 婆羅門婦
이 장 자 거 사 재 관　　바 라 문 부

女身 得度者 即現婦女身
녀 신　　득 도 자　　즉 현 부 녀 신

而爲說法 應以童男童女身
이 위 설 법　　응 이 동 남 동 녀 신

得度者 即現童男童女身 而
득 도 자　　즉 현 동 남 동 녀 신　　이

爲說法 應以天龍夜叉 乾闥
위 설 법　　응 이 천 룡 야 차　　건 달

婆阿修羅 迦樓羅緊那羅 摩
바 아 수 라　가 루 라 긴 나 라　마

睺羅伽 人非人等身 得度者
후 라 가　인 비 인 등 신　득 도 자

卽皆現之 而爲說法 應以執
즉 개 현 지　이 위 설 법　응 이 집

金剛身 得度者 卽現執金剛
금 강 신　득 도 자　즉 현 집 금 강

身 而爲說法 無盡意 是觀
신　이 위 설 법　무 진 의　시 관

世音菩薩 成就如是功德 以
세 음 보 살　성 취 여 시 공 덕　이

種種形 遊諸國土 度脫衆生
종 종 형　유 제 국 토　도 탈 중 생

是故汝等 應當一心 供養觀
시 고 여 등　응 당 일 심　공 양 관

世音菩薩 是觀世音菩薩 摩
세 음 보 살　시 관 세 음 보 살　마

訶薩 於怖畏急難之中 能施
하 살　어 포 외 급 난 지 중　능 시

無畏 是故 此娑婆世界 皆
무외 시고 차사바세계 개

號之爲 施無畏者 無盡意菩
호지위 시무외자 무진의보

薩 白佛言 世尊 我今當供
살 백불언 세존 아금당공

養 觀世音菩薩 卽解頸衆
양 관세음보살 즉해경중

寶珠瓔珞 價直百千兩金 而
보주영락 가치백천냥금 이

以與之 作是言 仁者 受此
이여지 작시언 인자 수차

法施 珍寶瓔珞 時 觀世音
법시 진보영락 시 관세음

菩薩 不肯受之 無盡意 復
보살 불긍수지 무진의 부

白觀世音菩薩言 仁者 愍我
백관세음보살언 인자 민아

等故 受此瓔珞 爾時 佛告
등고 수차영락 이시 불고

觀世音菩薩 當愍此無盡意
관세음보살 당민차무진의

菩薩 及四衆 天龍夜叉 乾
보살 급사중 천룡야차 건

闥婆阿修羅 迦樓羅緊那羅
달바아수라 가루라긴나라

摩睺羅伽 人非人等故 受是
마후라가 인비인등고 수시

瓔珞 卽時 觀世音菩薩 愍
영락 즉시 관세음보살 민

諸四衆 及於天龍 人非人等
제사중 급어천룡 인비인등

受其瓔珞 分作二分 一分
수 기 영락 분작이분 일분

奉釋迦牟尼佛 一分 奉多寶
봉석가모니불 일분 봉다보

佛塔 無盡意 觀世音菩薩
불탑 무진의 관세음보살

有如是自在神力 遊於娑婆
유여시자재신력 유어사바

世界 爾時 無盡意菩薩 以
세계 이시 무진의보살 이

偈問曰
게 문 왈

世尊妙相具 我今重問彼
세존묘상구 아금중문피

佛子何因緣 名爲觀世音
불자하인연 명위관세음

具足妙相尊 偈答無盡意
구족묘상존 게답무진의

汝聽觀音行 善應諸方所
여청관음행 선응제방소

弘誓深如海 歷劫不思議
홍서심여해 역겁부사의

侍多千億佛 發大淸淨願
시다천억불 발대청정원

我爲汝略說 聞名及見身
아위여약설 문명급견신

心念不空過 能滅諸有苦
심념불공과 능멸제유고

假使興害意 推落大火坑
가 사 흥 해 의　추 락 대 화 갱

念彼觀音力 火坑變成池
염 피 관 음 력　화 갱 변 성 지

或漂流巨海 龍魚諸鬼難
혹 표 류 거 해　용 어 제 귀 난

念彼觀音力 波浪不能沒
염 피 관 음 력　파 랑 불 능 몰

或在須彌峯 爲人所推墮
혹 재 수 미 봉　위 인 소 추 타

念彼觀音力 如日虛空住
염 피 관 음 력　여 일 허 공 주

或被惡人逐 墮落金剛山
혹 피 악 인 축　타 락 금 강 산

念彼觀音力 不能損一毛
염 피 관 음 력　불 능 손 일 모

或値怨賊繞 各執刀加害
혹 치 원 적 요　각 집 도 가 해

念彼觀音力 咸卽起慈心
염 피 관 음 력　함 즉 기 자 심

或遭王難苦　臨刑欲壽終
혹 조 왕 난 고　임 형 욕 수 종
念彼觀音力　刀尋段段壞
염 피 관 음 력　도 심 단 단 괴
或囚禁枷鎖　手足被杻械
혹 수 금 가 쇄　수 족 피 추 계
念彼觀音力　釋然得解脫
염 피 관 음 력　석 연 득 해 탈
呪詛諸毒藥　所欲害身者
주 저 제 독 약　소 욕 해 신 자
念彼觀音力　還著於本人
염 피 관 음 력　환 착 어 본 인
或遇惡羅刹　毒龍諸鬼等
혹 우 악 나 찰　독 룡 제 귀 등
念彼觀音力　時悉不敢害
염 피 관 음 력　시 실 불 감 해
若惡獸圍遶　利牙爪可怖
약 악 수 위 요　이 아 조 가 포
念彼觀音力　疾走無邊方
염 피 관 음 력　질 주 무 변 방

蚖蛇及蝮蠍　氣毒煙火燃
완　사　급　복　갈　　기　독　연　화　연

念彼觀音力　尋聲自廻去
염　피　관　음　력　　심　성　자　회　거

雲雷鼓掣電　降雹澍大雨
운　뢰　고　철　전　　강　박　주　대　우

念彼觀音力　應時得消散
염　피　관　음　력　　응　시　득　소　산

衆生被困厄　無量苦逼身
중　생　피　곤　액　　무　량　고　핍　신

觀音妙智力　能救世間苦
관　음　묘　지　력　　능　구　세　간　고

具足神通力　廣修智方便
구　족　신　통　력　　광　수　지　방　편

十方諸國土　無刹不現身
시　방　제　국　토　　무　찰　불　현　신

種種諸惡趣　地獄鬼畜生
종　종　제　악　취　　지　옥　귀　축　생

生老病死苦　以漸悉令滅
생　로　병　사　고　　이　점　실　영　멸

眞觀淸淨觀　廣大智慧觀
진 관 청 정 관　광 대 지 혜 관

悲觀及慈觀　常願常瞻仰
비 관 급 자 관　상 원 상 첨 앙

無垢淸淨光　慧日破諸闇
무 구 청 정 광　혜 일 파 제 암

能伏災風火　普明照世間
능 복 재 풍 화　보 명 조 세 간

悲體戒雷震　慈意妙大雲
비 체 계 뢰 진　자 의 묘 대 운

澍甘露法雨　滅除煩惱焰
주 감 로 법 우　멸 제 번 뇌 염

諍訟經官處　怖畏軍陣中
쟁 송 경 관 처　포 외 군 진 중

念彼觀音力　衆怨悉退散
염 피 관 음 력　중 원 실 퇴 산

妙音觀世音　梵音海潮音
묘 음 관 세 음　범 음 해 조 음

勝彼世間音　是故須常念
승 피 세 간 음　시 고 수 상 념

念念勿生疑 觀世音淨聖
염 념 물 생 의 관 세 음 정 성

於苦惱死厄 能爲作依怙
어 고 뇌 사 액 능 위 작 의 호

具一切功德 慈眼視衆生
구 일 체 공 덕 자 안 시 중 생

福聚海無量 是故應頂禮
복 취 해 무 량 시 고 응 정 례

爾時 持地菩薩 即從座起
이 시 지 지 보 살 즉 종 좌 기

前白佛言 世尊 若有衆生
전 백 불 언 세 존 약 유 중 생

聞是觀世音菩薩品 自在之
문 시 관 세 음 보 살 품 자 재 지

業 普門示現 神通力者 當
업 보 문 시 현 신 통 력 자 당

知是人 功德不少 佛說是普
지 시 인 공 덕 불 소 불 설 시 보

門品時 衆中 八萬四千衆生
문 품 시 중 중 팔 만 사 천 중 생

皆發無等等 阿耨多羅三藐
개 발 무 등 등　아 뇩 다 라 삼 먁

三菩提心
삼 보 리 심

陀羅尼品 第二十六
다 라 니 품 제 이 십 육

爾 時 藥 王 菩 薩 卽 從 座 起
이 시 약 왕 보 살 즉 종 좌 기

偏 袒 右 肩 合 掌 向 佛 而 白 佛
편 단 우 견 합 장 향 불 이 백 불

言 世 尊 若 善 男 子 善 女 人
언 세 존 약 선 남 자 선 여 인

有 能 受 持 法 華 經 者 若 讀 誦
유 능 수 지 법 화 경 자 약 독 송

通 利 若 書 寫 經 卷 得 幾 所
통 리 약 서 사 경 권 득 기 소

福 佛 告 藥 王 若 有 善 男 子 善
복 불 고 약 왕 약 유 선 남 자 선

女 人 供 養 八 百 萬 億 那 由 他
여 인 공 양 팔 백 만 억 나 유 타

恒河沙等諸佛 於汝意云何
항 하 사 등 제 불　어 여 의 운 하

其所得福 寧爲多不 甚多世
기 소 득 복　영 위 다 부　심 다 세

尊 佛言 若善男子善女人
존　불 언　약 선 남 자 선 여 인

能於是經 乃至受持 一四句
능 어 시 경　내 지 수 지　일 사 구

偈 讀誦解義 如說修行 功
게　독 송 해 의　여 설 수 행　공

德甚多 爾時 藥王菩薩 白
덕 심 다　이 시　약 왕 보 살　백

佛言 世尊 我今當與說法者
불 언　세 존　아 금 당 여 설 법 자

陀羅尼呪 以守護之 卽說呪
다 라 니 주　이 수 호 지　즉 설 주

曰
왈

安爾 曼爾 摩禰 摩摩禰 旨
아 니　만 니　마 네　마 마 네　지

隷 遮梨第 賖咩 賖履多 瑋
례 자리제 샤마 샤리다 위

羶帝 目帝 目多履 娑履 阿
선제 목제 목다리 사리 아

瑋娑履 桑履 娑履 叉裔 阿
위사리 상리 사리 사예 아

叉裔 阿耆膩 羶帝 賖履 陀
사예 아기니 선제 샤리 다

羅尼 阿盧伽婆娑簸蔗毗叉
라니 아 로 가 바 사 파 자 비 사

膩 禰毗剃 阿便哆邏 禰履
니 네비제 아변다라 네리

剃 阿亶哆 波隷輸地 漚究
제 아단다 파레수지 구구

隷 牟究隷 阿羅隷 波羅隷
례 모구례 아라레 파라레

首迦差 阿三磨三履 佛馱毗
수가차 아삼마삼리 붓다비

吉利裘帝 達磨波利差帝 僧
기리질제 달마파리차제 승

伽涅瞿沙禰 婆舍婆舍輸地
가 녈 구 사 네　바 사 바 사 수 지

曼哆邏 曼哆邏叉夜多 郵樓
만 다 라　만 다 라 사 야 다　우 루

哆 郵樓哆憍舍略 惡叉邏
다　우 루 다 교 사 랴　악 사 라

惡叉冶多冶 阿婆盧 阿摩若
악 사 야 다 야　아 바 로　아 마 야

那多夜
나 다 야

世尊 是陀羅尼神呪 六十二
세존　시 다 라 니 신 주　육 십 이

億 恒河沙等 諸佛所說 若
억　항 하 사 등　제 불 소 설　약

有侵毀 此法師者 則爲侵毀
유 침 훼　차 법 사 자　즉 위 침 훼

是諸佛已 時 釋迦牟尼佛
시 제 불 이　시　석 가 모 니 불

讚藥王菩薩言 善哉善哉 藥
찬 약 왕 보 살 언　선 재 선 재　약

王 汝愍念擁護 此法師故
왕 여민념옹호 차법사고
說是陀羅尼 於諸衆生 多所
설시다라니 어제중생 다소
饒益 爾時 勇施菩薩 白佛
요익 이시 용시보살 백불
言 世尊 我亦爲擁護 讀誦
언 세존 아역위옹호 독송
受持 法華經者 說陀羅尼
수지 법화경자 설다라니
若此法師 得是陀羅尼 若夜
약차법사 득시다라니 약야
叉 若羅刹 若富單那 若吉
차 약나찰 약부단나 약길
蔗 若鳩槃茶 若餓鬼等 伺
자 약구반다 약아귀등 사
求其短 無能得便 卽於佛前
구기단 무능득편 즉어불전
而說呪曰
이설주왈

痤隷 摩訶痤隷 郁枳 目枳
자례 마하자례 욱기 목기

阿隷 阿羅婆第 涅隷第 涅
아례 아라바제 녈례제 녈

隷多婆第 伊緻枳 韋緻枳
례다바제 이지니 위지니

旨緻枳 涅隷墀枳 涅隷墀婆
지지니 녈례지니 녈례지바

底
지

世尊 是陀羅尼神呪 恒河沙
세존 시다라니신주 항하사

等 諸佛所說 亦皆隨喜 若
등 제불소설 역개수희 약

有侵毀 此法師者 則爲侵毀
유침훼 차법사자 즉위침훼

是諸佛已 爾時 毘沙門天王
시제불이 이시 비사문천왕

護世者 白佛言 世尊 我亦
호세자 백불언 세존 아역

爲 愍念衆生 擁護此法師故
위 민념중생 옹호차법사고

說是陀羅尼 卽說呪曰
설시다라니 즉설주왈

阿梨 那梨 㝹那梨 阿那盧
아리 나리 노나리 아나로

那履 拘那履
나리 구나리

世尊 以是神呪 擁護法師
세존 이시신주 옹호법사

我亦自當擁護 持是經者 令
아역자당옹호 지시경자 영

百由旬內 無諸衰患 爾時
백유순내 무제쇠환 이시

持國天王 在此會中 與千萬
지국천왕 재차회중 여천만

億 那由他 乾闥婆衆 恭敬
억 나유타 건달바중 공경

圍繞 前詣佛所 合掌白佛言
위요 전예불소 합장백불언

世尊 我亦以陀羅尼神呪 擁
세 존 아 역 이 다 라 니 신 주 옹

護持法華經者 卽說呪曰
호 지 법 화 경 자 즉 설 주 왈

阿伽禰 伽禰 瞿利 乾陀利
아 가 네 가 네 구 리 건 다 리

旃陀利 摩蹬耆 常求利 浮
전 다 리 마 등 기 상 구 리 부

樓莎柅 頞底
루 사 니 알 디

世尊 是陀羅尼神呪 四十二
세 존 시 다 라 니 신 주 사 십 이

億 諸佛所說 若有侵毀 此
억 제 불 소 설 약 유 침 훼 차

法師者 則爲侵毀 是諸佛
법 사 자 즉 위 침 훼 시 제 불

已 爾時 有羅刹女等 一名
이 이 시 유 나 찰 녀 등 일 명

藍婆 二名毘藍婆 三名曲齒
남 바 이 명 비 남 바 삼 명 곡 치

四名華齒 五名黑齒 六名多
사 명 화 치   오 명 흑 치   육 명 다

髮 七名無厭足 八名持瓔珞
발   칠 명 무 염 족   팔 명 지 영 락

九名皐帝 十名奪一切眾生
구 명 고 제   십 명 탈 일 체 중 생

精氣 是十羅刹女 與鬼子母
정 기   시 십 나 찰 녀   여 귀 자 모

幷其子 及眷屬 俱詣佛所
병 기 자   급 권 속   구 예 불 소

同聲白佛言 世尊 我等 亦
동 성 백 불 언   세 존   아 등   역

欲擁護 讀誦受持 法華經者
욕 옹 호   독 송 수 지   법 화 경 자

除其衰患 若有伺求 法師短
제 기 쇠 환   약 유 사 구   법 사 단

者 令不得便 即於佛前 而
자   영 부 득 편   즉 어 불 전   이

說呪曰
설 주 왈

伊提履 伊提泯 伊提履 阿
이 제 리 이 제 미 이 제 리 아

提履 伊提履 泥履 泥履 泥
제 리 이 제 리 니 리 니 리 니

履 泥履 泥履 樓醯 樓醯 樓
리 니 리 니 리 루 혜 루 혜 루

醯 樓醯 多醯 多醯 多醯 兜
혜 루 혜 다 혜 다 혜 다 혜 도

醯 兜醯
혜 루 혜

寧上我頭上 莫惱於法師 若
영 상 아 두 상 막 뇌 어 법 사 약

夜叉 若羅刹 若餓鬼 若富
야 차 약 나 찰 약 아 귀 약 부

單那 若吉蔗 若毘陀羅 若
단 나 약 길 자 약 비 타 라 약

犍䭾 若烏摩勒伽 若阿跋
건 타 약 오 마 륵 가 약 아 발

摩羅 若夜叉吉蔗 若人吉蔗
마 라 약 야 차 길 자 약 인 길 자

제26 다라니품

若熱病 若一日 若二日 若
약 열 병　약 일 일　약 이 일　약

三日 若四日 乃至七日 若
삼 일　약 사 일　내 지 칠 일　약

常熱病 若男形 若女形 若
상 열 병　약 남 형　약 여 형　약

童男形 若童女形 乃至夢中
동 남 형　약 동 녀 형　내 지 몽 중

亦復莫惱 卽於佛前 而說偈
역 부 막 뇌　즉 어 불 전　이 설 게

言
언

若不順我呪 惱亂說法者
약 불 순 아 주　뇌 란 설 법 자

頭破作七分 如阿梨樹枝
두 파 작 칠 분　여 아 리 수 지

如殺父母罪 亦如壓油殃
여 살 부 모 죄　역 여 압 유 앙

斗秤欺誑人 調達破僧罪
두 칭 기 광 인　조 달 파 승 죄

犯此法師者 當獲如是殃
범 차 법 사 자　당 획 여 시 앙

諸羅刹女 說此偈已 白佛
제 나 찰 녀　설 차 게 이　백 불

言 世尊 我等 亦當身自擁
언　세 존　아 등　역 당 신 자 옹

護 受持讀誦修行 是經者
호　수 지 독 송 수 행　시 경 자

令得安隱 離諸衰患 消衆毒
영 득 안 은　이 제 쇠 환　소 중 독

藥 佛告諸羅刹女 善哉善
약　불 고 제 나 찰 녀　선 재 선

哉 汝等 但能擁護 受持法
재　여 등　단 능 옹 호　수 지 법

華名者 福不可量 何況擁護
화 명 자　복 불 가 량　하 황 옹 호

具足受持 供養經卷 華香瓔
구 족 수 지　공 양 경 권　화 향 영

珞 抹香塗香燒香 幡蓋伎樂
락　말 향 도 향 소 향　번 개 기 악

燃種種燈 酥燈油燈 諸香油
연 종 종 등　소 등 유 등　제 향 유

燈 蘇摩那華油燈 瞻蔔華油
등　소 마 나 화 유 등　첨 복 화 유

燈 婆師迦華油燈 優鉢羅華
등　바 사 가 화 유 등　우 발 라 화

油燈 如是等百千種 供養者
유 등　여 시 등 백 천 종　공 양 자

皐帝 汝等及眷屬 應當擁護
고 제　여 등 급 권 속　응 당 옹 호

如是法師 說是陀羅尼品時
여 시 법 사　설 시 다 라 니 품 시

六萬八千人 得無生法忍
육 만 팔 천 인　득 무 생 법 인

妙莊嚴王本事品 第二十七
묘 장 엄 왕 본 사 품 제 이 십 칠

爾時 佛告諸大衆 乃往古世
이 시 불 고 제 대 중 내 왕 고 세

過無量無邊 不可思議 阿僧
과 무 량 무 변 불 가 사 의 아 승

祇劫 有佛 名雲雷音宿王華
기 겁 유 불 명 운 뢰 음 수 왕 화

智 多陀阿伽度 阿羅訶 三
지 다 타 아 가 도 아 라 하 삼

藐三佛陀 國名光明莊嚴 劫
막 삼 불 타 국 명 광 명 장 엄 겁

名喜見 彼佛法中 有王 名
명 희 견 피 불 법 중 유 왕 명

妙莊嚴 其王夫人 名曰淨德
묘 장 엄 기 왕 부 인 명 왈 정 덕

有二子 一名淨藏 二名淨眼
유 이 자　일 명 정 장　이 명 정 안
是二子 有大神力 福德智慧
시 이 자　유 대 신 력　복 덕 지 혜
久修菩薩 所行之道 所謂
구 수 보 살　소 행 지 도　소 위
檀波羅蜜 尸羅波羅蜜 羼提
단 바 라 밀　시 라 바 라 밀　찬 제
波羅蜜 毘梨耶波羅蜜 禪波
바 라 밀　비 리 야 바 라 밀　선 바
羅蜜 般若波羅蜜 方便波羅
라 밀　반 야 바 라 밀　방 편 바 라
蜜 慈悲喜捨 乃至三十七品
밀　자 비 희 사　내 지 삼 십 칠 품
助道法 皆悉明了通達 又得
조 도 법　개 실 명 료 통 달　우 득
菩薩 淨三昧 日星宿三昧
보 살　정 삼 매　일 성 수 삼 매
淨光三昧 淨色三昧 淨照明
정 광 삼 매　정 색 삼 매　정 조 명

三昧 長莊嚴三昧 大威德藏
삼매 장 장 엄 삼 매 대 위 덕 장

三昧 於此三昧 亦悉通達
삼매 어 차 삼 매 역 실 통 달

爾時 彼佛 欲引導 妙莊嚴
이시 피 불 욕 인 도 묘 장 엄

王 及愍念衆生故 說是法華
왕 급 민 념 중 생 고 설 시 법 화

經 時 淨藏淨眼二子 到其
경 시 정 장 정 안 이 자 도 기

母所 合十指爪掌 白言 願
모 소 합 십 지 조 장 백 언 원

母往詣 雲雷音宿王華智佛
모 왕 예 운 뢰 음 수 왕 화 지 불

所 我等 亦當侍從親近 供
소 아 등 역 당 시 종 친 근 공

養禮拜 所以者何 此佛 於
양 예 배 소 이 자 하 차 불 어

一切天人衆中 說法華經 宜
일 체 천 인 중 중 설 법 화 경 의

應聽受 母告子言 汝父信受
응 청 수　모 고 자 언　여 부 신 수

外道 深著婆羅門法 汝等
외 도　심 착 바 라 문 법　여 등

應往白父 與共俱去 淨藏淨
응 왕 백 부　여 공 구 거　정 장 정

眼 合十指爪掌 白母 我等
안　합 십 지 조 장　백 모　아 등

是法王子 而生此邪見家 母
시 법 왕 자　이 생 차 사 견 가　모

告子言 汝等 當憂念汝父
고 자 언　여 등　당 우 념 여 부

爲現神變 若得見者 心必淸
위 현 신 변　약 득 견 자　심 필 청

淨 或聽我等 往至佛所 於
정　혹 청 아 등　왕 지 불 소　어

是二子 念其父故 踊在虛空
시 이 자　염 기 부 고　용 재 허 공

高七多羅樹 現種種神變 於
고 칠 다 라 수　현 종 종 신 변　어

虛空中 行住坐臥 身上出水
허 공 중　행 주 좌 와　신 상 출 수

身下出火 身下出水 身上出
신 하 출 화　신 하 출 수　신 상 출

火 或現大身 滿虛空中 而
화　혹 현 대 신　만 허 공 중　이

復現小 小復現大 於空中滅
부 현 소　소 부 현 대　어 공 중 멸

忽然在地 入地如水 履水如
홀 연 재 지　입 지 여 수　이 수 여

地 現如是等 種種神變 令
지　현 여 시 등　종 종 신 변　영

其父王 心淨信解 時父見
기 부 왕　심 정 신 해　시 부 견

子 神力如是 心大歡喜 得
자　신 력 여 시　심 대 환 희　득

未曾有 合掌向子言 汝等師
미 증 유　합 장 향 자 언　여 등 사

爲是誰 誰之弟子 二子白言
위 시 수　수 지 제 자　이 자 백 언

大王 彼雲雷音宿王華智佛
대 왕　피 운 뢰 음 수 왕 화 지 불

今在七寶 菩提樹下 法座上
금 재 칠 보　보 리 수 하　법 좌 상

坐 於一切世間 天人眾中
좌　어 일 체 세 간　천 인 중 중

廣說法華經 是我等師 我是
광 설 법 화 경　시 아 등 사　아 시

弟子 父語子言 我今 亦欲
제 자　부 어 자 언　아 금　역 욕

見汝等師 可共俱往 於是二
견 여 등 사　가 공 구 왕　어 시 이

子 從空中下 到其母所 合
자　종 공 중 하　도 기 모 소　합

掌白母 父王 今已信解 堪
장 백 모　부 왕　금 이 신 해　감

任發 阿耨多羅三藐三菩提
임 발　아 녹 다 라 삼 먁 삼 보 리

心 我等為父 已作佛事 願
심　아 등 위 부　이 작 불 사　원

母見聽 於彼佛所 出家修道
모 견 청　어 피 불 소　출 가 수 도

爾時 二子 欲重宣其意 以
이 시　이 자　욕 중 선 기 의　이

偈白母
게 백 모

願母放我等 出家作沙門
원 모 방 아 등　출 가 작 사 문

諸佛甚難値 我等隨佛學
제 불 심 난 치　아 등 수 불 학

如優曇鉢華 値佛復難是
여 우 담 발 화　치 불 부 난 시

脫諸難亦難 願聽我出家
탈 제 난 역 난　원 청 아 출 가

母即告言 聽汝出家 所以者
모 즉 고 언　청 여 출 가　소 이 자

何 佛難値故 於是二子 白
하　불 난 치 고　어 시 이 자　백

父母言 善哉父母 願時往
부 모 언　선 재 부 모　원 시 왕

詣 雲雷音宿王華智佛所 親
예 운 뢰 음 수 왕 화 지 불 소   친

近供養 所以者何 佛難得
근 공 양   소 이 자 하   불 난 득

値 如優曇鉢羅華 又如一眼
치   여 우 담 발 라 화   우 여 일 안

之龜 値浮木孔 而我等 宿
지 구   치 부 목 공   이 아 등   숙

福深厚 生値佛法 是故父母
복 심 후   생 치 불 법   시 고 부 모

當聽我等 令得出家 所以者
당 청 아 등   영 득 출 가   소 이 자

何 諸佛難値 時亦難遇 彼
하   제 불 난 치   시 역 난 우   피

時 妙莊嚴王後宮 八萬四千
시   묘 장 엄 왕 후 궁   팔 만 사 천

人 皆悉堪任 受持是法華經
인   개 실 감 임   수 지 시 법 화 경

淨眼菩薩 於法華三昧 久
정 안 보 살   어 법 화 삼 매   구

已 通 達 淨 藏 菩 薩 已 於 無
이 통 달 정 장 보 살 이 어 무

量 百 千 萬 億 劫 通 達 離 諸
량 백 천 만 억 겁 통 달 이 제

惡 趣 三 昧 欲 令 一 切 衆 生 離
악 취 삼 매 욕 령 일 체 중 생 이

諸 惡 趣 故 其 王 夫 人 得 諸 佛
제 악 취 고 기 왕 부 인 득 제 불

集 三 昧 能 知 諸 佛 秘 密 之 藏
집 삼 매 능 지 제 불 비 밀 지 장

二 子 如 是 以 方 便 力 善 化 其
이 자 여 시 이 방 편 력 선 화 기

父 令 心 信 解 好 樂 佛 法 於
부 영 심 신 해 호 락 불 법 어

是 妙 莊 嚴 王 與 群 臣 眷 屬 俱
시 묘 장 엄 왕 여 군 신 권 속 구

淨 德 夫 人 與 後 宮 婇 女 眷 屬
정 덕 부 인 여 후 궁 채 녀 권 속

俱 其 王 二 子 與 四 萬 二 千 人
구 기 왕 이 자 여 사 만 이 천 인

俱 一時 共詣佛所 到已 頭
구 일시 공예불소 도이 두

面禮足 繞佛三匝 却住一面
면 예 족 요 불 삼 잡 각 주 일 면

爾時 彼佛 爲王說法 示教
이시 피불 위왕설법 시교

利喜 王大歡悅 爾時 妙莊
리 희 왕 대 환 열 이 시 묘 장

嚴王 及其夫人 解頸眞珠瓔
엄왕 급기부인 해경진주영

珞 價直百千 以散佛上 於
락 가 치 백 천 이 산 불 상 어

虛空中 化成四柱寶臺 臺中
허공중 화성사주보대 대중

有大寶床 敷百千萬天衣 其
유 대 보 상 부 백 천 만 천 의 기

上有佛 結跏趺坐 放大光明
상유불 결가부좌 방대광명

爾時 妙莊嚴王 作是念 佛
이 시 묘 장 엄 왕 작 시 념 불

身希有 端嚴殊特 成就第一
신 희 유　단 엄 수 특　성 취 제 일

微妙之色 時 雲雷音宿王華
미 묘 지 색　시　운 뢰 음 수 왕 화

智佛 告四衆言 汝等 見是
지 불　고 사 중 언　여 등　견 시

妙莊嚴王 於我前 合掌立不
묘 장 엄 왕　어 아 전　합 장 립 부

此王 於我法中 作比丘 精
차 왕　어 아 법 중　작 비 구　정

勤修習 助佛道法 當得作佛
근 수 습　조 불 도 법　당 득 작 불

號娑羅樹王 國名大光 劫名
호 사 라 수 왕　국 명 대 광　겁 명

大高王 其娑羅樹王佛 有無
대 고 왕　기 사 라 수 왕 불　유 무

量菩薩衆 及無量聲聞 其國
량 보 살 중　급 무 량 성 문　기 국

平正 功德如是 其王卽時
평 정　공 덕 여 시　기 왕 즉 시

以國付弟 與夫人二子 幷
이 국 부 제　여 부 인 이 자　병

諸眷屬 於佛法中 出家修
제 권 속　어 불 법 중　출 가 수

道 王出家已 於八萬四千
도　왕 출 가 이　어 팔 만 사 천

歲 常勤精進 修行妙法華
세　상 근 정 진　수 행 묘 법 화

經 過是已後 得一切淨功德
경　과 시 이 후　득 일 체 정 공 덕

莊嚴三昧 卽昇虛空 高七多
장 엄 삼 매　즉 승 허 공　고 칠 다

羅樹 而白佛言 世尊 此我
라 수　이 백 불 언　세 존　차 아

二子 已作佛事 以神通變化
이 자　이 작 불 사　이 신 통 변 화

轉我邪心 令得安住 於佛法
전 아 사 심　영 득 안 주　어 불 법

中 得見世尊 此二子者 是
중　득 견 세 존　차 이 자 자　시

我善知識 爲欲發起 宿世善
아 선 지 식　위 욕 발 기　숙 세 선
根 饒益我故 來生我家 爾
근　요 익 아 고　내 생 아 가　이
時 雲雷音宿王華智佛 告妙
시　운 뢰 음 수 왕 화 지 불　고 묘
莊嚴王言 如是如是 如汝所
장 엄 왕 언　여 시 여 시　여 여 소
言 若善男子善女人 種善根
언　약 선 남 자 선 여 인　종 선 근
故 世世得善知識 其善知識
고　세 세 득 선 지 식　기 선 지 식
能作佛事 示教利喜 令入阿
능 작 불 사　시 교 리 희　영 입 아
耨多羅三藐三菩提 大王當
녹 다 라 삼 먁 삼 보 리　대 왕 당
知 善知識者 是大因緣 所
지　선 지 식 자　시 대 인 연　소
謂化導 令得見佛 發阿耨多
위 화 도　영 득 견 불　발 아 녹 다

제27 묘장엄왕본사품 71

羅三藐三菩提心 大王 汝見
라 삼 먁 삼 보 리 심 대 왕 여 견

此二子不 此二子 已曾供養
차 이 자 부 차 이 자 이 증 공 양

六十五百千萬億 那由他 恒
육 십 오 백 천 만 억 나 유 타 항

河沙諸佛 親近恭敬 於諸佛
하 사 제 불 친 근 공 경 어 제 불

所 受持法華經 愍念邪見衆
소 수 지 법 화 경 민 념 사 견 중

生 令住正見 妙莊嚴王 卽
생 영 주 정 견 묘 장 엄 왕 즉

從虛空中下 而白佛言 世尊
종 허 공 중 하 이 백 불 언 세 존

如來甚希有 以功德智慧故
여 래 심 희 유 이 공 덕 지 혜 고

頂上肉髻 光明顯照 其眼長
정 상 육 계 광 명 현 조 기 안 장

廣 而紺青色 眉間毫相 白
광 이 감 청 색 미 간 호 상 백

如珂月 齒白齊密 常有光明
여가월 치백제밀 상유광명

脣色赤好 如頻婆菓 爾時
순색적호 여빈바과 이시

妙莊嚴王 讚歎佛 如是等無
묘장엄왕 찬탄불 여시등무

量 百千萬億功德已 於如來
량 백천만억공덕이 어여래

前 一心合掌 復白佛言 世
전 일심합장 부백불언 세

尊 未曾有也 如來之法 具
존 미증유야 여래지법 구

足成就 不可思議 微妙功德
족성취 불가사의 미묘공덕

教戒所行 安隱快善 我從今
교계소행 안은쾌선 아종금

日 不復自隨心行 不生邪見
일 불부자수심행 불생사견

憍慢瞋恚 諸惡之心 說是語
교만진에 제악지심 설시어

已 禮佛而出 佛告大衆 於
이 예불이출 불고대중 어

意云何 妙莊嚴王 豈異人乎
의 운하 묘장엄왕 기이인호

今華德菩薩是 其淨德夫人
금 화덕보살시 기정덕부인

今佛前 光照莊嚴相菩薩是
금불전 광조장엄상보살시

哀愍妙莊嚴王 及諸眷屬故
애민묘장엄왕 급제권속고

於彼中生 其二子者 今藥王
어피중생 기이자자 금약왕

菩薩 藥上菩薩是 是藥王藥
보살 약상보살시 시약왕약

上菩薩 成就如此 諸大功德
상보살 성취여차 제대공덕

已於無量 百千萬億諸佛所
이어무량 백천만억제불소

植衆德本 成就不可思議 諸
식중덕본 성취불가사의 제

善功德 若有人 識是二菩薩
선 공 덕　약 유 인　식 시 이 보 살

名字者 一切世間 諸天人民
명 자 자　일 체 세 간　제 천 인 민

亦應禮拜 佛說是 妙莊嚴王
역 응 예 배　불 설 시　묘 장 엄 왕

本事品時 八萬四千人 遠塵
본 사 품 시　팔 만 사 천 인　원 진

離垢 於諸法中 得法眼淨
이 구　어 제 법 중　득 법 안 정

普賢菩薩勸發品 第二十八
보 현 보 살 권 발 품 제 이 십 팔

爾時 普賢菩薩 以自在神通
이 시 보 현 보 살 이 자 재 신 통
力 威德名聞 與大菩薩 無
력 위 덕 명 문 여 대 보 살 무
量無邊 不可稱數 從東方來
량 무 변 불 가 칭 수 종 동 방 래
所經諸國 普皆震動 雨寶蓮
소 경 제 국 보 개 진 동 우 보 련
華 作無量百千萬億 種種伎
화 작 무 량 백 천 만 억 종 종 기
樂 又與無數 諸天龍夜叉
악 우 여 무 수 제 천 룡 야 차
乾闥婆阿修羅 迦樓羅緊那
건 달 바 아 수 라 가 루 라 긴 나

羅 摩睺羅伽 人非人等 大
라 마 후 라 가　인 비 인 등　대

衆圍繞 各現威德 神通之力
중 위 요　각 현 위 덕　신 통 지 력

到娑婆世界 耆闍崛山中 頭
도 사 바 세 계　기 사 굴 산 중　두

面禮 釋迦牟尼佛 右繞七匝
면 예　석 가 모 니 불　우 요 칠 잡

白佛言 世尊 我於寶威德上
백 불 언　세 존　아 어 보 위 덕 상

王佛國 遙聞此娑婆世界 說
왕 불 국　요 문 차 사 바 세 계　설

法華經 與無量無邊 百千萬
법 화 경　여 무 량 무 변　백 천 만

億 諸菩薩衆 共來聽受 唯
억　제 보 살 중　공 래 청 수　유

願世尊 當爲說之 若善男子
원 세 존　당 위 설 지　약 선 남 자

善女人 於如來滅後 云何能
선 여 인　어 여 래 멸 후　운 하 능

제28 보현보살권발품

得 是法華經 佛告普賢菩薩
득　시법화경　불고보현보살

若善男子善女人 成就四法
약선남자선여인　성취사법

於如來滅後 當得是法華經
어여래멸후　당득시법화경

一者 爲諸佛護念 二者 植
일자　위제불호념　이자　식

衆德本 三者 入正定聚 四
중덕본　삼자　입정정취　사

者 發救一切衆生之心 善男
자　발구일체중생지심　선남

子善女人 如是成就四法 於
자선여인　여시성취사법　어

如來滅後 必得是經 爾時
여래멸후　필득시경　이시

普賢菩薩 白佛言 世尊 於
보현보살　백불언　세존　어

後五百歲 濁惡世中 其有受
후오백세　탁악세중　기유수

持 是經典者 我當守護 除
지 시경전자 아당수호 제

其衰患 令得安隱 使無伺求
기쇠환 영득안은 사무사구

得其便者 若魔 若魔子 若
득기편자 약마 약마자 약

魔女 若魔民 若爲魔所著者
마녀 약마민 약위마소착자

若夜叉 若羅刹 若鳩槃茶
약야차 약나찰 약구반다

若毘舍闍 若吉蔗 若富單那
약비사사 약길자 약부단나

若韋陀羅等 諸惱人者 皆不
약위타라등 제뇌인자 개부

得便 是人若行若立 讀誦此
득편 시인약행약립 독송차

經 我爾時 乘六牙白象王
경 아이시 승육아백상왕

與大菩薩衆 俱詣其所 而自
여대보살중 구예기소 이자

現身 供養守護 安慰其心
현신 공양수호 안위기심

亦爲供養 法華經故 是人若
역위공양 법화경고 시인약

坐 思惟此經 爾時 我復乘
좌 사유차경 이시 아부승

白象王 現其人前 其人 若
백상왕 현기인전 기인 약

於法華經 有所忘失 一句一
어법화경 유소망실 일구일

偈 我當敎之 與共讀誦 還
게 아당교지 여공독송 환

令通利 爾時 受持讀誦 法
령통리 이시 수지독송 법

華經者 得見我身 甚大歡喜
화경자 득견아신 심대환희

轉復精進 以見我故 卽得三
전부정진 이견아고 즉득삼

昧 及陀羅尼 名爲旋陀羅尼
매 급다라니 명위선다라니

百千萬億旋陀羅尼 法音方
백천만억선다라니 법음방
便陀羅尼 得如是等 陀羅尼
편다라니 득여시등 다라니
世尊 若後世 後五百歲 濁
세존 약후세 후오백세 탁
惡世中 比丘比丘尼 優婆塞
악세중 비구비구니 우바새
優婆夷 求索者 受持者 讀
우바이 구색자 수지자 독
誦者 書寫者 欲修習是法華
송자 서사자 욕수습시법화
經 於三七日中 應一心精進
경 어삼칠일중 응일심정진
滿三七日已 我當乘 六牙白
만삼칠일이 아당승 육아백
象 與無量菩薩 而自圍繞
상 여무량보살 이자위요
以一切衆生 所喜見身 現其
이 일체중생 소희견신 현기

제28 보현보살권발품

人前　而爲說法　示教利喜
인 전　이 위 설 법　시 교 리 희

亦復與其　陀羅尼呪　得是陀
역 부 여 기　다 라 니 주　득 시 다

羅尼故　無有非人　能破壞者
라 니 고　무 유 비 인　능 파 괴 자

亦不爲女人　之所惑亂　我身
역 불 위 여 인　지 소 혹 란　아 신

亦自常護是人　唯願世尊　聽
역 자 상 호 시 인　유 원 세 존　청

我說此　陀羅尼呪　即於佛前
아 설 차　다 라 니 주　즉 어 불 전

而說呪曰
이 설 주 왈

阿檀地　檀陀婆地　檀陀婆帝
아 단 지　단 다 바 지　단 다 바 제

檀陀鳩舍隷　檀陀修陀隷　修
단 다 구 사 례　단 다 수 다 례　수

陀隷　修陀羅婆底　佛馱波羶
다 례　수 다 라 바 지　붓 다 파 선

禰 薩婆陀羅尼阿婆多尼 薩
네 살 바 다 라 니 아 바 다 니 살

婆婆沙阿婆多尼 修阿婆多
바 바 사 아 바 다 니 수 아 바 다

尼 僧伽婆履叉尼 僧伽涅伽
니 상 가 바 리 사 니 상 가 녈 가

陀尼 阿僧祇 僧伽波伽地
다 니 아 싱 기 상 가 바 가 지

帝隸阿惰僧伽兜略 阿羅帝
제 례 아 다 상 가 도 랴 아 라 제

婆羅帝 薩婆僧伽三摩地伽
파 라 제 살 바 상 가 삼 마 지 가

蘭地 薩婆達磨修波利刹帝
란 지 살 바 달 마 수 파 리 찰 제

薩婆薩埵樓馱憍舍略 阿峟
살 바 살 타 루 타 교 사 랴 아 로

伽地 辛阿毗吉利地帝
가 지 신 아 비 기 리 지 제

世尊 若有菩薩 得聞是陀羅
세 존 약 유 보 살 득 문 시 다 라

尼者 當知普賢 神通之力
니자 당지보현 신통지력

若法華經 行閻浮提 有受持
약법화경 행염부제 유수지

者 應作此念 皆是普賢 威
자 응작차념 개시보현 위

神之力 若有受持讀誦 正憶
신지력 약유수지독송 정억

念 解其義趣 如說修行 當
념 해기의취 여설수행 당

知是人 行普賢行 於無量無
지시인 행보현행 어무량무

邊 諸佛所 深種善根 爲諸
변 제불소 심종선근 위제

如來 手摩其頭 若但書寫
여래 수마기두 약단서사

是人命終 當生忉利天上 是
시인명종 당생도리천상 시

時 八萬四千天女 作衆伎樂
시 팔만사천천녀 작중기악

而來迎之 其人 卽著七寶冠
이 래 영 지 　기 인　 즉 착 칠 보 관

於婇女中 娛樂快樂 何況受
어 채 녀 중　 오 락 쾌 락　 하 황 수

持讀誦 正憶念 解其義趣
지 독 송　 정 억 념　 해 기 의 취

如說修行 若有人 受持讀誦
여 설 수 행　 약 유 인　 수 지 독 송

解其義趣 是人命終 爲千佛
해 기 의 취　 시 인 명 종　 위 천 불

授手 令不恐怖 不墮惡趣
수 수　 영 불 공 포　 불 타 악 취

卽往兜率 天上 彌勒菩薩所
즉 왕 도 솔　 천 상　 미 륵 보 살 소

彌勒菩薩 有三十二相 大菩
미 륵 보 살　 유 삼 십 이 상　 대 보

薩衆 所共圍繞 有百千萬億
살 중　 소 공 위 요　 유 백 천 만 억

天女眷屬 而於中生 有如是
천 녀 권 속　 이 어 중 생　 유 여 시

等 功德利益 是故智者 應
등　공　덕　이　익　시　고　지　자　응

當一心自書 若使人書 受持
당　일　심　자　서　약　사　인　서　수　지

讀誦 正憶念 如說修行 世
독　송　정　억　념　여　설　수　행　세

尊 我今 以神通力故 守護
존　아　금　이　신　통　력　고　수　호

是經 於如來滅後 閻浮提內
시　경　어　여　래　멸　후　염　부　제　내

廣令流布 使不斷絕 爾時
광　령　유　포　사　부　단　절　이　시

釋迦牟尼佛 讚言 善哉善
석　가　모　니　불　찬　언　선　재　선

哉 普賢 汝能護助是經 令
재　보　현　여　능　호　조　시　경　영

多所衆生 安樂利益 汝已成
다　소　중　생　안　락　이　익　여　이　성

就 不可思議功德 深大慈悲
취　불　가　사　의　공　덕　심　대　자　비

從久遠來 發阿耨多羅三藐
종 구 원 래 　 발 아 녹 다 라 삼 먁

三菩提意 而能作是神通之
삼 보 리 의 　 이 능 작 시 신 통 지

願 守護是經 我當以神通力
원 　 수 호 시 경 　 아 당 이 신 통 력

守護 能受持普賢菩薩名者
수 호 　 능 수 지 보 현 보 살 명 자

普賢 若有受持讀誦 正憶念
보 현 　 약 유 수 지 독 송 　 정 억 념

修習書寫 是法華經者 當知
수 습 서 사 　 시 법 화 경 자 　 당 지

是人 則見釋迦牟尼佛 如從
시 인 　 즉 견 석 가 모 니 불 　 여 종

佛口 聞此經典 當知是人
불 구 　 문 차 경 전 　 당 지 시 인

供養釋迦牟尼佛 當知是人
공 양 석 가 모 니 불 　 당 지 시 인

佛讚善哉 當知是人 爲釋迦
불 찬 선 재 　 당 지 시 인 　 위 석 가

제28 보현보살권발품 87

牟尼佛 手摩其頭 當知是人
모니불 수마기두 당지시인

爲釋迦牟尼佛 衣之所覆 如
위 석가모니불 의지소부 여

是之人 不復貪著世樂 不好
시지인 불부탐착세락 불호

外道經書手筆 亦復不喜 親
외도경서수필 역부불희 친

近其人 及諸惡者 若屠兒
근기인 급제악자 약도아

若畜猪羊雞狗 若獵師 若衒
약축저양계구 약엽사 약현

賣女色 是人 心意質直 有
매여색 시인 심의질직 유

正憶念 有福德力 是人 不
정억념 유복덕력 시인 불

爲三毒所惱 亦復不爲嫉妬
위삼독소뇌 역부불위질투

我慢邪慢 增上慢所惱 是人
아만사만 증상만소뇌 시인

少欲知足 能修普賢之行 普
소 욕 지 족　능 수 보 현 지 행　보

賢 若如來滅後 後五百歲
현　약 여 래 멸 후　후 오 백 세

若有人 見受持讀誦 法華經
약 유 인　견 수 지 독 송　법 화 경

者 應作是念 此人不久 當
자　응 작 시 념　차 인 불 구　당

詣道場 破諸魔衆 得阿耨多
예 도 량　파 제 마 중　득 아 뇩 다

羅三藐三菩提 轉法輪 擊法
라 삼 먁 삼 보 리　전 법 륜　격 법

鼓 吹法螺 雨法雨 當坐天
고　취 법 라　우 법 우　당 좌 천

人大衆中 師子法座上 普賢
인 대 중 중　사 자 법 좌 상　보 현

若於後世 受持讀誦 是經典
약 어 후 세　수 지 독 송　시 경 전

者 是人 不復貪著衣服 臥
자　시 인　불 부 탐 착 의 복　와

제28 보현보살권발품

具飮食 資生之物 所願不虛
구 음 식　자 생 지 물　소 원 불 허

亦於現世 得其福報 若有人
역 어 현 세　득 기 복 보　약 유 인

輕毀之言 汝狂人耳 空作是
경 훼 지 언　여 광 인 이　공 작 시

行 終無所獲 如是罪報 當
행　종 무 소 획　여 시 죄 보　당

世世無眼 若有供養 讚歎之
세 세 무 안　약 유 공 양　찬 탄 지

者 當於今世 得現果報 若
자　당 어 금 세　득 현 과 보　약

復見 受持是經者 出其過惡
부 견　수 지 시 경 자　출 기 과 악

若實若不實 此人現世 得白
약 실 약 부 실　차 인 현 세　득 백

癩病 若有輕笑之者 當世世
라 병　약 유 경 소 지 자　당 세 세

牙齒疎缺 醜脣平鼻 手脚繚
아 치 소 결　추 순 평 비　수 각 요

戾 眼 目 角 睞 身 體 臭 穢 惡
려 안 목 각 래 신 체 취 예 악

瘡 膿 血 水 腹 短 氣 諸 惡 重 病
창 농 혈 수 복 단 기 제 악 중 병

是 故 普 賢 若 見 受 持 是 經 典
시 고 보 현 약 견 수 지 시 경 전

者 當 起 遠 迎 當 如 敬 佛 說
자 당 기 원 영 당 여 경 불 설

是 普 賢 勸 發 品 時 恒 河 沙 等
시 보 현 권 발 품 시 항 하 사 등

無 量 無 邊 菩 薩 得 百 千 萬 億
무 량 무 변 보 살 득 백 천 만 억

旋 陀 羅 尼 三 千 大 千 世 界 微
선 다 라 니 삼 천 대 천 세 계 미

塵 等 諸 菩 薩 具 普 賢 道 佛 說
진 등 제 보 살 구 보 현 도 불 설

是 經 時 普 賢 等 諸 菩 薩 舍
시 경 시 보 현 등 제 보 살 사

利 弗 等 諸 聲 聞 及 諸 天 龍
리 불 등 제 성 문 급 제 천 룡

人非人等 一切大會 皆大歡
인 비 인 등　일 체 대 회　개 대 환

喜 受持佛語 作禮而去
희　수 지 불 어　작 례 이 거

사경 끝난 날 : 불기　　　년　　월　　일

_____ 두손 모음

한문 법화경 사경 7

발행일 2024년 7월 18일
펴낸이 김시열
펴낸곳 도서출판 운주사

(02832) 서울시 성북구 동소문로 67-1 성심빌딩 3층
전화 (02) 926-8361 | 팩스 (0505) 115-8361

ISBN 978-89-5746-801-2 03220   값 6,000원

http://cafe.daum.net/unjubooks (다음 카페: 도서출판 운주사)